Pathfinder nació con la Revolución de Octubre

MARY-ALICE WATERS

Antes que nada, quiero agradecer a Casa Editora Abril por tomar la iniciativa de organizar esta conferencia como parte de las actividades en torno a la Octava Feria Internacional del Libro que se inaugura mañana aquí en La Habana. Nos da a todos la extraordinaria oportunidad de compartir experiencias y discutir cómo hacer un trabajo más eficaz para cumplir las metas que tenemos en común.

* * *

Pathfinder nació con la Revolución de Octubre. Como editora, nuestra continuidad directa se remonta a las primeras ediciones en Estados Unidos de los discursos y escritos de

---

En La Habana se celebró una conferencia sobre "La literatura sociopolítica de los 90" el 2 y 3 de febrero de 1998, auspiciada por Casa Editora Abril, editorial de la Unión de Jóvenes Comunistas (UJC) de Cuba. Mary-Alice Waters, presidenta de la editorial Pathfinder y miembro del Comité Nacional del Partido Socialista de los Trabajadores, estuvo entre los oradores en la conferencia. Este artículo apareció originalmente en el número de febrero de 1998 de *Perspectiva Mundial*.

Lenin, en la víspera de las revoluciones de 1917 en Rusia. Fue entonces que revistas como la *International Socialist Review* (Revista Socialista Internacional), producida en Estados Unidos por militantes de izquierda en el Partido Socialista, comenzaron a publicar artículos del líder bolchevique.

Sus orígenes en 1919

Después de la victoriosa insurrección de octubre de 1917 realizada por los trabajadores, campesinos y soldados del imperio zarista, la cual abrió las puertas a la primera revolución socialista, trabajadores de disposición revolucionaria de todo el mundo buscaron cómo entender y seguir el ejemplo de los primeros trabajadores-bolcheviques. Para 1919, una reagrupación de socialistas de izquierda, miembros del grupo Obreros Industriales del Mundo (IWW) y otros más, se habían unido en Estados Unidos para fundar algo realmente nuevo: el movimiento comunista en Norteamérica, cuya meta explícita era la de emular a los bolcheviques. Por muchas y diversas vías, comenzaron a publicar los periódicos, folletos y libros que ofrecían a la clase obrera y sus aliados en nuestro hemisferio, por primera vez en el siglo 20, una perspectiva comunista que se nutría de la experiencia inicial de los trabajadores en la toma del poder, su defensa y uso a nivel internacional.

Empiezo con esto porque es la manera más clara en que puedo explicar lo que orienta la política editorial de Pathfinder hasta el día de hoy. Durante más de 80 años, Pathfinder y sus distintas predecesoras—desde Merit y Pioneer, hasta el Departamento de Literatura del Partido Obrero de Estados Unidos [Workers Party of America]—han tenido un solo objetivo: publicar y diseminar lo más ampliamente posible los libros, folletos y revistas que son necesarios para la construcción de un partido comunista en Estados Unidos, objetivo que es inseparable de la construcción de un movimiento comunista internacional.

Desde 1917 hasta hoy, hemos buscado defender un rumbo que sea fiel al liderazgo de Lenin en la revolución rusa y los primeros años de la Internacional Comunista. La trayectoria política de Lenin era lo opuesto de aquella que más tarde quedó identificada con el Partido Comunista de la Unión Soviética dirigido por Stalin, cuyas consecuencias se vienen manifestando en los sucesos colosales de los últimos años, y que se siguen desencadenando por toda Europa central, los Balcanes y las antiguas repúblicas soviéticas.

Pathfinder siempre ha dado prioridad a la publicación de obras creadas por revolucionarios que ejemplificaron la trayectoria internacionalista y proletaria de Lenin tanto con los hechos como con las palabras.

Nosotros partimos del mundo y de los hechos en desarrollo que enfrentamos, junto con los desafíos más importantes de la lucha de clases mundial, pensando cómo fortalecer a la vanguardia combatiente de la clase trabajadora para que esté mejor armada para comprender el mundo en que vivimos; para comprender la historia del movimiento obrero moderno; para ser más conscientes de su fuerza y sus responsabilidades históricas; y para trazar una ruta hacia la toma del poder, para así abrir el camino a la construcción del socialismo.

Comunismo: un movimiento, no una doctrina

Siempre nos hemos suscrito a la famosa respuesta de Engels a Herr Heinzen, escrita en 1847, unos cuantos meses antes que Carlos Marx y Federico Engels redactaran el documento de fundación del movimiento obrero moderno, el Manifiesto Comunista. "El comunismo no es una doctrina sino un movimiento", escribió Engels. "Se desprende no de principios sino de hechos. En la medida en que es una teoría, es la expresión teórica de la posición del proletariado" en su lucha con la burguesía y "la síntesis teórica de las condiciones para la liberación del proletariado" y de sus aliados de la explotación y la opresión.

Para mostrar la vigencia que esto tiene para nosotros hoy, quiero usar el ejemplo de uno de los libros más importantes que Pathfinder ha publicado en los últimos ocho años. Se titula *¡Estados Unidos fuera del Oriente Medio! Cuba habla en Naciones Unidas*. Se publicó en inglés y en español en noviembre de 1990, cuando Washington avanzaba hacia el brutal ataque masivo contra Iraq que comenzó en enero de 1991. El entonces embajador cubano ante Naciones Unidas, Ricardo Alarcón, hablando desde el escaño que fortuitamente ocupaba Cuba en el Consejo de Seguridad, fue la única voz que se pronunció clara y consecuentemente, utilizando el campo de la diplomacia internacional, contra la guerra imperialista que se montaba bajo los auspicios de la bandera de Naciones Unidas.

En cuestión de días (literalmente), Pathfinder publicó un librito que contenía todos y cada uno de los discursos de Alarcón al mundo, junto al principal discurso en que Fidel condenó la agresión de Washington. Cuando el libro se agotó en pocas semanas, sacamos una segunda edición ampliada, para que los comunistas y combatientes antiimperialistas en todo el mundo pudieran usarlo para hacer campaña contra la guerra que la revista *Nueva Internacional* correctamente llama "los cañonazos iniciales de la Tercera Guerra Mundial".

En el breve espacio de seis meses, Pathfinder vendió unos 10 mil ejemplares de este libro en inglés y 1500 en español.

Hoy, cuando Washington nuevamente se apresura hacia otro ataque asesino —y cobarde— contra el pueblo de Iraq, este título de Pathfinder asume una renovada importancia.[1] El hecho de que —siguiendo nuestra política— no hemos permitido que el libro se agote, significa que nuestras armas están listas, y, mientras nosotros estamos reunidos, nuevamente está siendo utilizado por opositores de la política de Washington en todo el mundo.

De manera similar, hace 30 años Pathfinder publicó otro libro, *Che Guevara Speaks* (Habla Che Guevara). En diciembre de 1967, apenas semanas después de la muerte en combate de Ernesto Che Guevara —cuando la noticia de su brutal asesinato por fuerzas de la dictadura militar boliviana entrenadas por la CIA y las implicaciones de ese suceso aún retumbaban por todo el mundo—, Pathfinder publicó la primera edición de esa colección de discursos y escritos. Desde ese momento hasta el día de hoy, no hemos dejado que se agote.

✻ ✻ ✻

Quisiera enumerar brevemente algunos de los hechos y la política que orientan nuestra labor editorial. Espero que provoquen un poco de discusión y comentarios.

1. Pathfinder no es formalmente ni legalmente la casa editora de un partido político (tiene su propia estructura

---

1. En febrero de 1998, Washington y sus aliados imperialistas amenazaban con bombardeos masivos contra Iraq bajo el pretexto de que Bagdad había rehusado permitir que "inspectores de armas" tuvieran acceso ilimitado al sitio que exigieran, en una violación continua de la soberanía del país. En diciembre de 1998, esto culminó en cuatro días de bombardeos asesinos por todo Iraq conducidos por las fuerzas de Estados Unidos y el Reino Unido. Entre comienzos de 1997 y noviembre de 2000, en unas 16 000 misiones se habían lanzado más de mil bombas y misiles contra más de 250 objetivos en el norte de Iraq. A raíz de dichos bombardeos murieron más de 300 personas, en su mayoría civiles, según cálculos iraquíes.

corporativa y estructura para la toma de decisiones). Al mismo tiempo, desde el principio, los redactores, editores, directores y personal de producción han sido todos cuadros comunistas activos en Estados Unidos (comunistas con "c" minúscula), experimentados en el movimiento obrero. Pathfinder es la editora que siempre ha mantenido en existencia los principales documentos, resoluciones y discursos de dirigentes del Partido Socialista de los Trabajadores. Desde una perspectiva histórica, es uno de sus logros más importantes e irremplazables. Sin esto, los documentos que reflejan y guían el trabajo práctico de los trabajadores comunistas, estudiantes y sus aliados en Estados Unidos no estarían disponibles en ninguna parte.

El rostro cambiante de la política en Estados Unidos: la política obrera y los sindicatos, por el secretario nacional del Partido Socialista de los Trabajadores, Jack Barnes—del que Pathfinder ha hecho una nueva edición en tres idiomas (inglés, español y francés)—es el ejemplo importante más reciente de este núcleo esencial de nuestro trabajo editorial.

Producidos al calor de batallas políticas

2. Como siempre ha ocurrido durante la historia del movimiento obrero, los mejores materiales que publicamos—casi sin excepción—son los que producen los revolucionarios al calor de la batalla política: no son análisis abstractos o estudios lejanos, sino folletos y libros escritos por los que están respondiendo a las exigencias del día.

Uno de los mejores ejemplos de esto es un libro escrito en la clandestinidad anti-nazi durante la Segunda Guerra Mundial por un joven belga que era judío. *The Jewish Question* (La cuestión judía), por Abram Leon, tal vez el mejor estudio que jamás se haya escrito sobre esta cuestión desde la óptica del materialismo histórico, que Leon plasmó en el papel mientras militaba en la clandestinidad. Lo completó poco antes de ser capturado y morir a manos de la Gestapo. Marinos mercantes que eran miembros del Partido Socialista de los Trabajadores, y que a menudo hacían las veces de mensajeros internacionales, lograron rescatar una copia del original en los últimos días de la guerra. Pathfinder lo tradujo, lo publicó y lo ha mantenido en existencia por décadas.

Desde 1928, cuando se comenzó a publicar el *Militant*—y 1931, cuando Pioneer Publishers, la antecesora de Pathfinder, sacó su primer título—siempre ha habido una estrecha colaboración práctica entre el periódico y la editorial. Muchos de los materiales que terminan siendo publicados en ediciones de Pathfinder, aparecieron primero en las páginas del *Militant*. No podría ser de otra manera, con una casa editora que siempre está en medio de las luchas y que busca promover una clara perspectiva de clase.

Desde el comienzo de la revolución cubana, por ejemplo, el *Militant* fue el principal periódico en Estados Unidos que publicó documentos y discursos importantes de los dirigentes de la revolución cubana. En muchos casos, éstos fueron reproducidos rápidamente por Pioneer Publishers como folletos, y utilizados ampliamente por los defensores activos de la revolución cubana en Estados Unidos y Canadá, muchos de los cuales se organizaron durante los primeros años de la revolución como el Comité por un Trato Justo a Cuba.

En los días que precedieron a las imprentas offset, era particularmente importante poder volver a usar los tipos de plomo fundido utilizados en la composición del periódico, lo cual era sin duda el elemento más caro del proceso de impresión.

Así se publicaron por primera vez, por ejemplo, folletos como *La segunda declaración de La Habana,* otro título que Pathfinder ha seguido reimprimiendo, en este caso desde

1962. De hecho, mañana —el 4 de febrero— celebraremos el 36 aniversario de ese llamado a la acción dirigido a los trabajadores y campesinos de América. Todavía lo usamos ampliamente como uno de los mejores trabajos impresos, y uno de los más básicos, con que contamos para explicar el carácter de la dominación imperialista norteamericana sobre América Latina, la inevitable resistencia contra ella, y el lugar que ocupa la revolución cubana en esa lucha intransigente.

En los últimos días apareció el ejemplo más reciente de este tipo de colaboración, en inglés y en español: *Celebración de la bienvenida a Cuba de la brigada de refuerzo de Ernesto Che Guevara*. Es una colección de artículos que se publicaron en el *Militant* el año pasado. Incluye entrevistas y discursos sobre Che por personas que lo conocieron y que colaboraron con él como dirigente de la revolución cubana. Varios de éstos fueron reproducidos de diversas publicaciones hechas aquí en Cuba. Incluye también un excelente artículo del líder revolucionario argelino Ahmed Ben Bella, reproducido de *Le Monde Diplomatique*.

Este tipo de formato permite publicar —muy de prisa y a un costo relativamente bajo— materiales que de otra manera no serían accesibles rápida y fácilmente. Al paso de los años, varias publicaciones similares han evolucionado hasta finalmente llegar a ser libros de Pathfinder.

Lo necesario, no lo rentable

3. Para Pathfinder, el punto de partida ha sido siempre: lo que necesitan quienes luchan por cambiar el mundo, y no lo que se vaya a vender en el mercado. Es decir, nos guía lo opuesto de lo que guía a cualquier editora burguesa. Además, lo limitado de nuestros recursos siempre nos ha obligado a escoger cuidadosamente —y a menudo a tener que tomar decisiones dolorosas— entre lo que vamos a

editar y lo que no. Si tenemos un buen año, podemos editar 4 ó 5 nuevos títulos, aunque en 1997 logramos publicar 12 títulos nuevos, que incluían 5 en español y 4 en francés. Ese es un caso excepcional.

Nuestra guía, particularmente en el caso de los libros, consiste en editar materiales de valor duradero, es decir, que aborden, de un modo que vaya más allá de lo coyuntural, cuestiones que son y que por años van a seguir siendo fundamentales para el movimiento de la clase trabajadora.

Para nosotros—y, de nuevo, esto es lo opuesto a cualquier empresa capitalista—lo que importa es lo que las editoras llaman su "fondo de ediciones pasadas". Nosotros mantenemos impresos los títulos que contienen cristalizada la labor de décadas, mejorándolos y perfeccionándolos cuando nos es posible, pero en todo caso manteniéndolos impresos. Ese fondo de títulos disponibles nos brinda una palanca importante, permitiéndole a un número relativamente pequeño de cuadros comunistas contar con bastante más peso del que de otra manera les sería posible.

Solo en el último año hemos reimpreso 83 de nuestros títulos, conforme nos empeñamos en acercarnos a las normas capitalistas de eficiencia y control de existencias, utilizando tiradas pequeñas y métodos de entrega "justo a tiempo". Esto representa un tremendo reto que no siempre cumplimos.

Algunos libros, como *La última lucha de Lenin,* que el año pasado se publicó por primera vez en español, son libros que en realidad Pathfinder ha editado por 70 años o más, en una u otra edición o colección.

En total, Pathfinder tiene hoy más de 330 títulos impresos. Unos 280 son en inglés, 31 en español, 16 en francés y cierto número en ruso. Trabajando junto a partidarios y colaboradores de Pathfinder en otros países, varios de los títulos de Pathfinder también se editan en sueco, farsi, griego e islandés.[2]

4. La mayoría de los libros que editamos, por supuesto, son obras que a nadie más le interesa publicar, porque no hay ninguna otra editora de lengua inglesa que comparta los objetivos de Pathfinder.

Libros como *Fighting Racism in World War II* (La lucha contra el racismo durante la Segunda Guerra Mundial), por ejemplo, que relata la historia de la lucha contra la segregación y la discriminación en las fuerzas armadas norteamericanas, en la industria de guerra y en otros ámbitos, incluso cuando se desencadenaba la Segunda Guerra Mundial. O la magnífica serie de libros que Pathfinder ha editado sobre los documentos de los primeros años de la Internacional Comunista. Esas fueron cosas por las cuales no tuvimos que competir con nadie.

Podemos decir lo mismo de algunos de los libros de más venta: discursos de Malcolm X. Malcolm fue uno de los más destacados dirigentes del siglo 20 de la clase trabajadora en Estados Unidos, un hombre a quien asesinaron sus enemigos precisamente por su inclaudicable trayectoria revolucionaria e internacionalista y por su desdén por todo lo que no fuera verdad. Cuando Pathfinder comenzó a publicar a Malcolm —cuando aún estaba vivo— mucha gente de la izquierda norteamericana lo denunciaba acusándolo de ser racista, o incluso fascista. Fidel y Che, que recibieron una cálida bienvenida en Harlem por parte de Malcolm, comprendieron sus magníficas cualidades de dirigente de la misma forma en que nosotros las comprendimos.

---

2. Entre comienzos de 1998, cuando se dio esta presentación, y finales de 2000, Pathfinder editó 23 nuevos títulos, que incluyen números de la revista marxista *Nueva Internacional,* 13 en inglés, 6 en español, 3 en francés y uno en sueco.

En las palabras de los revolucionarios
Pathfinder siempre trata de publicar libros de dirigentes revolucionarios, dejándoles hablar por su propia cuenta. Diría incluso que preferimos libros de esa índole más que las obras de otros sobre los grandes dirigentes y sucesos revolucionarios de nuestra época. Lo que los trabajadores, los jóvenes de disposición revolucionaria, principalmente necesitan no son intérpretes, comentaristas, intermediarios. Ellos pueden hacer el esfuerzo de leer y estudiar por cuenta propia y, con el tiempo, comprender más y más, especialmente si debaten lo que leen con compañeros de lucha. Ellos desarrollan más confianza en sí mismos al saber que pueden leer a Marx, a Lenin, a Malcolm o a Che y al trabajar juntos para comprender más a fondo de qué están hablando esas almas afines.

Pathfinder edita la serie "Habla", que capta esta idea muy bien: Habla Rosa Luxemburgo, Habla León Trotsky, Habla Malcolm X, Habla Che Guevara, Hablan los sandinistas, Habla Nelson Mandela, Habla Thomas Sankara, Habla Maurice Bishop, Habla W.E.B. Du Bois, Habla Eugene V. Debs.

Por eso publicamos libros de discursos y escritos de dirigentes de la revolución cubana, especialmente de Ernesto Che Guevara y Fidel Castro. Para que la revolución cubana hable por sí misma, a través de sus representantes más capaces.

Y hoy que los escritos de Marx, Engels y Lenin —que antes se obtenían fácilmente de editoras de la Unión Soviética— se consiguen cada vez con más dificultad, anticipamos que, por necesidad, Pathfinder deberá enfrentar la responsabilidad de cerrar esa brecha de una u otra forma.

Portadores de cultura
5. En la encrucijada entre la política y los problemas más amplios de la cultura, el movimiento obrero siempre

batalla contra la dominación burguesa así como el escapismo que atrofia la mente. Desde Marx y Engels hasta Che y Fidel, los grandes dirigentes obreros de nuestra época han luchado siempre para que las conquistas culturales más importantes dentro de la sociedad de clases sean propiedad del pueblo trabajador. Han luchado por esto, conscientes de que los trabajadores no solo serán los portadores de lo mejor de la cultura burguesa a la sociedad nueva, sino que se encontrarán entre la gran mayoría que crecientemente se convertirán en los creadores de cultura seguros de sí mismos.

Pathfinder considera que la publicación de obras como *Art and Revolution* (Arte y revolución) de León Trotsky, con su polémica mordaz contra la política del realismo socialista de la burocracia de Stalin; *What Is Surrealism?* (¿Qué es el surrealismo?) de André Breton; y uno de nuestros títulos más recientes, *John Coltrane and the Jazz Revolution of the 1960s* (John Coltrane y la revolución del jazz en los años 60) por Frank Kofsky: todos estos libros son una parte necesaria de nuestro programa editorial. Como insistía Malcolm X, los trabajadores, al ampliar su visión, se convierten en seres políticos que son mejores y más eficaces. Esto también les permite luchar con más gusto.

Por esa misma razón nos enorgullece ayudar en la distribución internacional de *La Gaceta de Cuba,* publicada por la Unión de Escritores y Artistas de Cuba, a la vez que distribuimos *Granma* y *Cuba Socialista,* publicados por el Partido Comunista de Cuba.

Depende de trabajo voluntario

6. Pathfinder solo puede mantener este programa editorial gracias al apoyo generoso de trabajadores de pensamiento comunista en todo el mundo. Ellos subsidian nuestro programa editorial porque están de acuerdo con él,

y hacen verdaderos sacrificios para mantener estas armas revolucionarias en existencia. Pathfinder pierde dinero con cada uno de los libros que edita. Nunca ha tenido un año, ni siquiera un trimestre, en que haya logrado cubrir sus costos.

La economía que subyace la publicación de libros de calidad en tiradas cortas significa que aun con tales subsidios, los libros de Pathfinder les resultan caros a los trabajadores. Por esa razón, hace unos cuantos años establecimos el Club de Lectores de Pathfinder para facilitarles a más lectores la adquisición de nuestros libros. Por 10 dólares al año, cualquiera puede unirse al club, y recibir todos los títulos de Pathfinder a un 15 por ciento de descuento del precio de cubierta en cualquiera de las librerías Pathfinder, o si hace un pedido directo. Y en el curso del año ofrecemos descuentos aun mayores de ciertos títulos.

También dependemos del trabajo voluntario de los partidarios de Pathfinder que traducen, corrigen originales, escanean, hacen el formato y componen texto, diseñan cubiertas —algunas de las cuales son verdaderamente bellas— y que realizan el resto de labores que requieren tiempo y que son necesarias para producir materiales impresos y distribuirlos.

Efectivamente, acabamos de empezar lo que sin duda ha de ser la más ambiciosa de nuestras empresas, a realizarse totalmente con trabajo voluntario. Unos 200 partidarios de Pathfinder de una decena de países alrededor del mundo, están preparando todos y cada uno de los libros de Pathfinder para convertirlos a una forma digital. Cada libro y folleto se está escaneando, corrigiendo y componiendo, y a menudo se le está agregando un índice. Todas las cubiertas y los pliegos de fotos se están reconstruyendo en archivos digitales. Gracias a este enorme esfuerzo, que para completarse requerirá varios años, Pathfinder podrá seguir aprovechando los avances en la tecnología de impresión de computadora-a-plancha. Lograremos imprimir tiradas pequeñas, reimprimir de forma frecuente conforme lo exija la demanda, y seguiremos perfeccionando las nuevas ediciones en la medida de nuestras posibilidades.

Cada uno de los títulos estará "listo para imprimirse" cuando se necesite. Y también lograremos desarrollar una página web de Pathfinder para hacer que los frutos de esta labor sean accesibles por todo el mundo. Sin el trabajo voluntario de nuestros partidarios alrededor del mundo, nada de esto sería posible.

Actualmente, hay voluntarios que están finalizando la tarea de producir un juego de tres CD-ROM que contendrá la colección completa de casi 65 años de la revista de teoría y política marxistas *New International* (Nueva Internacional). Solo quedaban unos cuantos ejemplares de muchos de los primeros años de esta revista, así que corríamos el riesgo de perder por completo este recurso irremplazable. Ahora de nuevo estará fácilmente al alcance de las nuevas generaciones de comunistas en Estados Unidos y del resto del mundo.

7. La venta y distribución de títulos de Pathfinder también dependen de los esfuerzos voluntarios de nuestros partidarios. Primero y sobre todo, las ventas de los libros Pathfinder son "ventas callejeras": ventas que los jóvenes y trabajadores comunistas realizan desde mesitas plegables que se montan regularmente en distritos obreros, en las entradas de fábricas, en las universidades, cerca de escuelas secundarias, en actos políticos, donde sea que se puedan congregar trabajadores y jóvenes que puedan ser atraídos a la política revolucionaria.

La red internacional de librerías Pathfinder en siete países representa otra fuente importante de ventas. Estas librerías también están organizadas completamente por voluntarios, por trabajadores y estudiantes, que organizan para mantener las librerías abiertas el máximo número de horas posible por semana.

Los mismos voluntarios también se desempeñan como representantes de ventas, visitando librerías comerciales, bibliotecas y profesores en decenas y decenas de ciudades, hablando de estos libros con compradores y maestros. Consiguen pedidos que se hacen directamente a Pathfinder o a través de distribuidores comerciales mayoristas que compran libros de Pathfinder así como de otras editoriales.

Con este tipo de esfuerzos voluntarios —que también incluye tener stands de Pathfinder en numerosas ferias de libros en todo el mundo, desde Moscú a Frankfurt, desde Teherán a Göteborg, desde Guadalajara a Sydney y La Habana— el alcance de nuestro esfuerzo editorial es realmente asombroso.

8. Quiero hacer un comentario especial sobre nuestra literatura en español. Nuestras publicaciones en español comenzaron modestamente en los años 30, cuando el movimiento comunista en Estados Unidos empezaba a aumentar su colaboración con combatientes revolucionarios en México, Puerto Rico, Cuba y República Dominicana. Una parte nada despreciable de este trabajo se debió, una vez más, a los esfuerzos de los comunistas que estaban en la marina mercante, y que frecuentemente viajaban a los principales puertos del Caribe.

La lucha chicana da impulso a los títulos en español

Sin embargo, la época moderna de las ediciones en español debe su ímpetu al nuevo ascenso del movimiento chicano en Estados Unidos a fines de los años 60: parte del auge revolucionario en toda América Latina que siguió a la victoria de 1959 en Cuba y a la derrota del imperialismo norteamericano en la Bahía de Cochinos. El ascenso del movimiento chicano fue también producto de la creciente oposición masiva dentro de Estados Unidos a la agresión de Washington contra el pueblo de Vietnam, y de la determinación de los jóvenes chicanos de hacer todo lo posible para poner fin a esa guerra: una guerra a la cual eran reclutados para pelear y morir, librada contra un pueblo por el cual no sentían otra cosa sino un respeto creciente. El poderoso ejemplo de la lucha por la liberación del pueblo negro, seguido por la creciente ola de luchas de la mujer contra su opresión, le dieron también un tremendo ímpetu al movimiento chicano.

Fue entonces que nació *Perspectiva Mundial*, la publicación hermana del *Militant*. Como en el caso anterior del *Militant*, la colaboración entre *Perspectiva Mundial* y Pathfinder ha sido la fuente de un creciente arsenal de libros y folletos en español.

El primer libro de Pathfinder en español se publicó en 1981. Ese libro fue *Wall Street enjuicia al socialismo*, las actas del juicio en que fueron declarados culpables, bajo cargos de subversión, todos los dirigentes centrales del Partido Socialista de los Trabajadores y líderes del sindicato de camioneros Teamsters en el Medio Oeste en la propia víspera de la Segunda Guerra Mundial (de hecho, fueron condenados a prisión al día siguiente de Pearl Harbor). Publicado en inglés como *Socialism on Trial*, contiene el propio testimonio de James P. Cannon, dirigente fundador del movimiento comunista en Estados Unidos y del Partido Socialista de los Trabajadores. Es un libro que hemos usado en inglés y español por unas cuantas décadas como documento básico de formación y propaganda comunistas. En este sentido se parece al discurso que dio Fidel ante el tribunal en 1953, "La historia me absolverá", aunque, por supuesto, no tuvo el impacto histórico de aquel documento. ¡Ese día llegará!

Con el gran incremento de la inmigración de todas partes de América Latina a Estados Unidos en las últimas décadas —una ola de inmigración similar por su tamaño y peso histórico a la inmigración de Europa a fines del siglo pasado— ha aumentado más aun la necesidad de un creciente arsenal de armas en español. Hoy los centros metropolitanos donde el habla hispana es importante ya no se limitan a Los Angeles, Houston y Miami. La composición de la clase obrera en Estados Unidos ha cambiado profundamente de una costa a otra, aun en ciudades pequeñas y en toda la industria básica.

La clase obrera se ha fortalecido con esta afluencia de trabajadores de todas partes de Nuestra América, quienes cada día muestran más confianza en su propia capacidad de ser combatientes activos de vanguardia en batallas de clases dentro de Estados Unidos. Hoy día es inconcebible un partido comunista en Estados Unidos que carezca de un componente fuerte de miembros de habla hispana entre sus cuadros dirigentes, cuadros que reflejen lo que es —y lo que está llegando a ser— la clase obrera. Tampoco es concebible sin un fuerte programa editorial en español.

Aunque no dedicaré mucho tiempo a profundizar en este punto, es importante señalar que nuestro programa editorial en francés, fruto de la colaboración entre Pathfinder y comunistas en Canadá, nace de necesidades similares impuestas por la lucha de clases en Norteamérica, y por el nuevo y poderoso ascenso del movimiento independentista en Quebec a partir de los años 60.

Además de los títulos en español que ha editado, Pathfinder distribuye decenas más de los clásicos del marxismo, así como muchos libros y folletos importados de casas editoriales en Cuba. Este año recibimos por primera vez una ayuda voluntaria sustanciosa de parte de un equipo de compañeros en Cuba, de la Universidad de Matanzas. Sus esfuerzos permitieron la publicación de *La última lucha de Lenin,* en una edición que incluye traducciones al español corregidas y mejoradas de los últimos escritos de Lenin, todos los cuales fueron cotejados con el original en ruso por compañeros que habían estudiado muchos años en la Unión Soviética.

9. Varias veces he mencionado la revista *New International.* Como muchas editoras asociadas con el movimiento comunista, Pathfinder ayuda a promover y distribuir una revista política y teórica que tiene su propio sello. Por ejemplo, Editora Política, la editorial del Comité Central del Partido Comunista de Cuba, ayuda a producir y distribuir *Cuba Socialista. New International,* según se conoce ahora la revista que distribuimos (al igual que Pathfinder, ha tenido distintos nombres a lo largo de las décadas, desde que se comenzó a publicar en 1934), se edita en inglés y se traduce a otros tres idiomas: español, francés y sueco. Juega un papel indispensable en el conjunto de nuestro arsenal, ya que se enfoca en los problemas más importantes de la política mundial y presenta una línea comunista en la práctica sobre los temas candentes de la actualidad.

Normas rigurosas y exigentes

10. Antes de concluir con unas palabras sobre nuestra labor de editar libros que divulgan la verdad sobre la revolución cubana, quisiera tocar otro punto más.

Para nosotros, la atención cuidadosa que dedicamos a la redacción y preparación de cada libro y folleto que producimos es la prueba más importante de nuestra labor editorial. Consideramos que se trata de una cuestión de orientación de clases. Si la clase trabajadora se ha de preparar para ser la clase dominante, entonces debe tener acceso a la verdad, a la cultura y a la información presentada de una forma clara y exacta. Su propia historia y continuidad deben ser accesibles a las nuevas generaciones de combatientes que se incorporen a la lucha. Estas son cosas que Che comprendió y por las cuales combatió tan bien. La clase trabajadora debe aprender a ser rigurosa en las normas de calidad que exige en todo aspecto. Esa es una de las fuentes de nuestro respeto propio y seguridad en nosotros mismos. Los que integramos la clase que lo produce todo, sabemos mejor que nadie cuándo un trabajo se ha hecho con esmero y cuándo es un trabajo de pacotilla que no es digno de sus esfuerzos.

Una editora que ante todo aspire a dar a los luchadores revolucionarios acceso a la lucha de clases mundial, que ellos deben conocer y entender para poder ser eficaces al transformarse a sí mismos y transformar este mundo, una editora con tal objetivo debe mantener las normas de exactitud más rigurosas posibles.

Un nombre mal deletreado; una fecha incorrecta; una traducción errónea o confusa o hasta incómoda; una nota o pie de grabado inexactos (o ausente donde lo necesite el nuevo lector joven, o el trabajador o el agricultor para quien la lectura aún resulta un desafío); la falta de cuidado en la presentación de las fotos, los mapas u otros elementos auxiliares para el lector; cubiertas que sean feas o que carezcan de inspiración y trabajo; impresiones demasiado débiles y difíciles de leer; un tipo de letra tan pequeño que desanima al lector; un libro que se encuaderne o corte descuidadamente: todas éstas son fallas que nos duelen cuando ocurren. Y así debe ser. No son dignas de la clase obrera y de sus tareas históricas.

Ninguna de ellas es producto de problemas creados por la falta de recursos materiales que todos sufrimos de una u otra forma. Son todas cuestiones de preparación política y disciplina y respeto a nuestra clase. Ejemplifican hábitos proletarios, que son la fuente de la disciplina.

En el fondo, éstas son las mismas cuestiones que estuvieron al centro de las deliberaciones y decisiones del Quinto

Congreso del Partido Comunista de Cuba cuando se reunió unos meses atrás, en octubre de 1997: la revolución, la clase trabajadora, tiene que demostrar que puede ser *más* eficaz que los capitalistas, y producir con *más* calidad que los capitalistas. Y sí puede.

70 títulos sobre la revolución cubana

11. De los 351 libros y folletos así como números de *New International* que Pathfinder es responsable de mantener en existencia, 70 están directamente relacionados a la revolución cubana. Cuatro páginas enteras del catálogo de 1998 de Pathfinder están dedicadas a "La revolución cubana en la política mundial". Aquí se incluye todo, desde los seis tomos de discursos del presidente cubano Fidel Castro hasta *El socialismo y el hombre en Cuba, Women and the Cuban Revolution* (La mujer y la revolución cubana), *¡Qué lejos hemos llegado los esclavos!* por Fidel y Nelson Mandela, y *Dynamics of the Cuban Revolution* (La dinámica de la revolución cubana) por el ya fallecido dirigente del PST Joseph Hansen, además de los tres títulos que señaló ayer Iraida Aguirrechu de Editora Política y que se han publicado en los últimos años en colaboración con esa editorial. *El diario del Che en Bolivia, Pasajes de la guerra revolucionaria,* también de Che, y *Pombo: un hombre de la guerrilla del Che,* por Harry Villegas, son libros que sin la ayuda de Editora Política no habrían sido posibles en su forma actual ni con la calidad que se lograron. Para nosotros esta colaboración es inapreciable.

El número notable de títulos publicados por Pathfinder que buscan presentar la verdad sobre la revolución cubana representa, me parece, una concretización viva de la importancia de la revolución cubana en el mundo de hoy y de su peso real en la lucha de clases a nivel mundial. Porque Pathfinder jamás ha pretendido ser una editora de libros sobre Cuba. Al contrario, siempre hemos tratado de enfocar con nitidez la revolución cubana como parte del mundo y como parte de la historia.

Para nosotros, publicar libros y folletos sobre la revolución cubana no es una cuestión de solidaridad, ni mucho menos una empresa comercial rentable. Al igual que con todo lo demás que publicamos, nuestro objetivo consiste en producir las obras que trabajadores, agricultores y jóvenes de disposición revolucionaria en Estados Unidos necesitamos para ser más eficaces. Y la revolución cubana es hoy el único ejemplo en el mundo de una dirección comunista que ha tomado y que mantiene el poder estatal y que usa esa palanca, la más importante, para impulsar el avance de la lucha mundial por el socialismo, tanto en Cuba como a nivel internacional. Una dirección que se empeña en dirigir a la clase obrera sobre su marcha histórica, y no en sofocarla u oponerse a ella.

Pathfinder comenzó a editar folletos y libros sobre la revolución cubana a los pocos meses del triunfo revolucionario de 1959. Entre los primeros folletos estaban el discurso sobre la primera reforma agraria y "La revolución tiene que ser una escuela de pensamiento libre", ambos de Fidel Castro. Otro fue el folleto que preparó el reportero del *Militant* Harry Ring en 1961, basado en sus viajes a Cuba, titulado *How Cuba Uprooted Race Discrimination* (Cómo Cuba desarraigó la discriminación racial). Es un magnífico folleto, reproducido de las páginas del *Militant*, por supuesto. Recuerdo el tremendo impacto que tuvo en mi caso cuando por primera vez entré en contacto con el movimiento comunista en esa época: justo cuando cobraban ímpetu las masivas batallas callejeras para tumbar al sistema "Jim Crow" de segregación racial en Estados Unidos. Ese folleto ayudó a reclutarme.

Uno de los títulos más efectivos que hemos publicado en

años recientes es la colección titulada *To Speak the Truth* (Hay que decir la verdad). Incluye los tres discursos que Fidel y Che dieron ante la Asamblea General de Naciones Unidas a lo largo de los años —en 1960, 64 y 79— así como el discurso que dio Che en la conferencia sobre comercio celebrada en 1964 en Ginebra, auspiciada por Naciones Unidas. A esa colección le pusimos el subtítulo "Por qué no cesa la 'guerra fría' de Washington contra Cuba", porque más que cualquier otro libro que tenemos, los discursos de Fidel y de Che ante Naciones Unidas explican el origen de la guerra librada por los gobernantes norteamericanos contra la revolución cubana y por qué nunca van a perdonar al pueblo trabajador de Cuba por seguir su propio rumbo independiente.

De todos estos libros se han vendido miles de ejemplares en todo Estados Unidos: tanto en "mesas callejeras" como a través de grandes librerías y cadenas comerciales. Se han usado en clases y círculos de estudio en decenas de ciudades y pueblos. Se han llevado a fábricas y minas en loncheras y en los bolsillos de los abrigos, para mostrárselos a compañeros de trabajo que están interesados.

'Manifiesto Comunista', el que más se vende

Creo que tal vez la mejor forma de captar muchos aspectos de la lucha de clases en Estados Unidos hoy en día, y las oportunidades que tienen los comunistas, es diciéndoles cuáles son los títulos de mayor venta de Pathfinder. Nuestro título que más se vende, año tras año, es el Manifiesto Comunista. En segundo lugar están los libros de Malcolm X. Y en tercer lugar están los libros de Che Guevara.

¡Esa lista de éxitos explica muchísimo!

Podría agregar que el año pasado, 1997, nuestros dos títulos más vendidos fueron *El manifiesto comunista* y *Pombo: un hombre de la guerrilla del Che*. Y entre nuestros primeros 15 títulos, 6 tenían que ver con la revolución cubana, entre ellos *El diario de Che en Bolivia*, *Che Guevara Speaks* (Habla Che Guevara), *Pasajes de la guerra revolucionaria* y el folleto de entrevistas con el general Harry Villegas, *Junto a Che Guevara*. Otros seis eran colecciones de discursos de Malcolm X u otros títulos tocantes a la lucha del pueblo negro en Estados Unidos. Dos eran textos básicos del movimiento comunista moderno: *El manifiesto comunista* y *Del socialismo utópico al socialismo científico*. Y el otro de los primeros 15 títulos era *The Truth about Yugoslavia: Why Working People Should Oppose Intervention* (La verdad sobre Yugoslavia: por qué el pueblo trabajador se debe oponer a la intervención), que explica las raíces de la actual guerra en ese país y los intereses que allí tiene el imperialismo.

❋ ❋ ❋

Ahora que nos enfrentamos a una nueva crisis de guerra en el Oriente Medio, esa lista va a cambiar un poco en 1998. Me atrevo a predecir que *¡Estados Unidos fuera del Oriente Medio!* subirá de nuevo a la lista de éxitos, y que el ejemplo de la revolución cubana se pondrá de relieve desde un ángulo un poco diferente.

Una vez más, para los hombres y mujeres dentro de Estados Unidos que se oponen firmemente a la campaña guerrerista de Washington y sus aliados, de nuevo será una oportunidad de que ayuden a producir y ampliar, y a vender en números cada vez mayores, el arsenal de armas políticas que los trabajadores de todo el mundo necesitan: publicaciones que digan la verdad sobre el imperialismo y la guerra, y que expliquen por qué los intereses de los trabajadores de todo el mundo son irreconciliables con los de las clases explotadoras.

De una cosa podemos estar seguros. La demanda de estos libros crecerá.

de Pathfinder

El rostro cambiante de la política en Estados Unidos
La política obrera y los sindicatos
JACK BARNES

Una guía para las generaciones nuevas que hoy entran a las fábricas, los talleres y las minas, y que reaccionan ante la vida incierta, el tumulto constante y la brutalidad del capitalismo. Muestra cómo, al ir creciendo la resistencia política, millones de trabajadores se revolucionarán a sí mismos, cómo revolucionarán sus sindicatos y otras organizaciones y sus condiciones de vida y trabajo. US$24. También en inglés, francés y sueco.

La clase trabajadora y la transformación de la educación
El fraude de la reforma educativa bajo el capitalismo
JACK BARNES

"Hasta que la sociedad se reorganice para que la educación sea una actividad humana desde que aún somos muy jóvenes hasta el momento en que morimos, no habrá una educación digna de la humanidad creadora y trabajadora". US$3. También en inglés, francés, islandés, sueco y farsi.

Wall Street enjuicia al socialismo
JAMES P. CANNON

Las ideas básicas del socialismo, explicadas en el testimonio durante el juicio contra 18 líderes de los Teamsters de Minneapolis y del Partido Socialista de los Trabajadores, quienes fueron objeto de cargos fabricados y encarcelados bajo la notoria Ley Smith "de la mordaza", durante la Segunda Guerra Mundial. US$16. También en inglés.

www.pathfinderpress.com

El manifiesto comunista
CARLOS MARX Y FEDERICO ENGELS

El documento de fundación del movimiento obrero moderno, publicado en 1848. Explica por qué el comunismo no es un conjunto de principios preconcebidos sino la línea de marcha de la clase trabajadora hacia el poder, que emana de "las condiciones reales de una lucha de clases existente, de un movimiento histórico que se está desarrollando ante nuestros ojos". US$5. También en inglés y árabe.

La última lucha de Lenin
Discursos y escritos, 1922–23
V.I. LENIN

A comienzos de la década de 1920, Lenin libró una batalla política en el seno de la dirección del Partido Comunista de la URSS para mantener la perspectiva que les había permitido a los trabajadores y campesinos derrocar el imperio zarista, emprender la primera revolución socialista, y comenzar a construir un movimiento comunista mundial. Los problemas planteados en la lucha política de Lenin siguen siendo fundamentales a la política mundial actual. US$22. También en inglés.

Che Guevara habla a la juventud

El legendario revolucionario argentino desafía a los jóvenes de Cuba y del mundo a que trabajen y se vuelvan disciplinados. A unirse sin temor a las filas delanteras de las luchas, sean grandes o pequeñas. A leer y estudiar. A que aspiren a ser combatientes revolucionarios. A que politicen las organizaciones de las que forman parte y, así, se politicen a sí mismos. A que se conviertan en un tipo humano diferente, conforme sumen esfuerzos con el pueblo trabajador en todas partes para transformar el mundo. Y, avanzando sobre esa trayectoria, a que renueven y gocen de la alegría y la espontaneidad de ser joven. US$15. También en inglés.

The Jewish Question
A Marxist Interpretation
(La cuestión judía: Una interpretación marxista)

Busca el origen de las justificaciones históricas del antisemitismo en el hecho de que los judíos, antes del ascenso del capitalismo industrial, fueron obligados a ser un "pueblo-clase" de comerciantes y prestamistas. Explica por qué hoy los gobernantes adinerados incitan de nuevo al antisemitismo. En inglés. US$20.

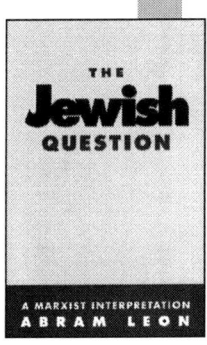

Nueva Internacional
UNA REVISTA DE POLITICA Y TEORIA MARXISTAS

NUEVA INTERNACIONAL N°. 8
Revolución, internacionalismo y socialismo: El último año de Malcolm X

Jack Barnes

"Comprender el último año de Malcolm es ver cómo, en la época imperialista, una dirección revolucionaria de la más alta capacidad política, valentía e integridad converge con el comunismo. Esa verdad tiene un peso aún mayor en la actualidad, en tanto la violenta expansión del capitalismo mundial arroja a miles de millones de personas por todo el mundo, en las ciudades y el campo, desde China hasta Brasil, a la lucha de clases moderna".—Jack Barnes

El número 8 incluye "El legado antiobrero de los Clinton: Raíces de la crisis financiera mundial de 2008"; "La custodia de la naturaleza también recae en la clase trabajadora: En defensa de la tierra y del trabajo" y "Para dejar claro el historial sobre el fascismo y la Segunda Guerra Mundial". US$14

NUEVA INTERNACIONAL N°. 6
Ha comenzado el invierno largo y caliente del capitalismo

Jack Barnes

Y "Su transformación y la nuestra", resolución del Partido Socialista de los Trabajadores

Los conflictos interimperialistas actuales —cada vez más agudos— los alimentan no solo las primeras etapas de lo que serán décadas de convulsiones económicas, financieras y sociales, y batallas de clases, sino también el cambio más amplio en la política y organización militar realizado por Washington desde que se fortaleció rumbo a la Segunda Guerra Mundial. Los trabajadores de disposición de lucha de clases debemos encarar esta histórica coyuntura del imperialismo, y derivar satisfacción y gozo de ponernos "en su cara" conforme trazamos un curso revolucionario para afrontarla. US$16

Obtenga de WWW.PATHFINDERPRESS.COM

NUEVA INTERNACIONAL Nº. 7

Nuestra política empieza con el mundo

Jack Barnes

Las enormes desigualdades existentes entre los países imperialistas y los semicoloniales, y entre las clases dentro de casi todos los países, son producidas, reproducidas y acentuadas por el funcionamiento del capitalismo. Para que los trabajadores de vanguardia forjemos partidos capaces de dirigir una exitosa lucha revolucionaria por el poder en nuestros propios países, dice Jack Barnes, nuestra actividad debe guiarse por una estrategia para cerrar esta brecha. Incluye "La agricultura, la ciencia y las clases trabajadoras" *por Steve Clark* y "Capitalismo, trabajo y naturaleza: un intercambio" *por Richard Levins, Steve Clark*. US$14

NUEVA INTERNACIONAL Nº. 5

El imperialismo norteamericano ha perdido la Guerra Fría

Jack Barnes

Al contrario de las esperanzas imperialistas al comenzar los años 90, en la secuela del colapso de regímenes en toda Europa oriental y la Unión Soviética que se reclamaban comunistas, los trabajadores y agricultores no han sido aplastados. Tampoco se han estabilizado las relaciones sociales capitalistas. El pueblo trabajador sigue siendo un obstáculo tenaz al avance del imperialismo, obstáculo que los explotadores tendrán que enfrentar en batallas de clases y en guerras. US$15

NUEVA INTERNACIONAL Nº. 2

Che Guevara, Cuba y el camino al socialismo

Artículos por Ernesto Che Guevara, Carlos Rafael Rodríguez, Carlos Tablada, Mary-Alice Waters, Steve Clark, Jack Barnes

Intercambios de los primeros años de la Revolución Cubana y actuales sobre las perspectivas políticas que Che Guevara reivindicó al ayudar a dirigir al pueblo trabajador a impulsar la transformación de las relaciones económicas y sociales en Cuba. US$14

NUEVA INTERNACIONAL Nº. 1

Los cañonazos iniciales de la tercera guerra mundial: el ataque de Washington contra Iraq

Jack Barnes

El ataque asesino de 1990–91 por el gobierno norteamericano contra Iraq anunció conflictos cada vez más agudos entre las potencias imperialistas, el ascenso de fuerzas derechistas y fascistas, la creciente inestabilidad del capitalismo internacional y más guerras. Incluye: "1945: Cuando las tropas norteamericanas dijeron 'No'" *por Mary-Alice Waters* y "Lecciones de la guerra Irán-Iraq" *por Samad Sharif*. US$16

¿Es posible una revolución socialista en Estados Unidos?
Un debate necesario
MARY-ALICE WATERS

En dos charlas, presentadas en el marco de un amplio debate en la Feria Internacional del Libro de Venezuela en 2007 y 2008, Waters explica por qué una revolución socialista es posible en Estados Unidos. Explica por qué las luchas revolucionarias del pueblo trabajador son inevitables: nos las impondrán los ataques de la clase patronal —impulsados por las crisis—. Al ir creciendo la solidaridad entre una vanguardia combativa del pueblo trabajador, se divisan ya los contornos de batallas de clases por venir. US$7. También en inglés y francés.

Cuba y la revolución norteamericana que viene
JACK BARNES

La Revolución Cubana tuvo un impacto a nivel mundial, incluso entre el pueblo trabajador y la juventud en el corazón imperialista. Conforme en Estados Unidos avanzaba la masiva lucha de base proletaria por los derechos de los negros, la transformación social por la cual combatieron y que ganaron las masas trabajadoras cubanas sentó un ejemplo: de que la revolución socialista no solo es necesaria, se puede hacer y defender. Esta segunda edición, con un nuevo prólogo de Mary-Alice Waters, debe leerse junto con *¿Es posible una revolución socialista en Estados Unidos?* US$10. También en inglés y francés.

www.pathfinderpress.com